U0643432

95598知识库应用指导手册

主　编　何海零
副主编　梁竞之　何学东

中国电力出版社
CHINA ELECTRIC POWER PRESS

目　录

前　言

　　95598 知识库系列丛书包含 5 个分册,分别为《95598 知识库应用指导手册》《95598 知识库经典话术集——通用分册》《95598 知识库经典话术集——费控分册》《95598 知识库经典话术集——现场服务分册》《95598 知识库经典话术集——运检分册》。本套丛书是基于国家电网 95598 知识库管理系统下,国网湖南电力将整体知识库知识导入 SG186 系统,结合 95598 知识库管理系统和 SG186 系统与实际案例特色编写的培训、应用教材。

　　《95598 知识库应用指导手册》以动漫的形式展现知识内容,带领大家使用知识库宝藏图探寻知识库蕴藏的内容。运用实际案例诠释知识库在前端诉求辨析、后期申诉支撑和市(州)公司根据客户诉求主动征集知识三个方面的支撑作用。

　　《95598 知识库经典话术集》4 个分册针对客户常见诉求,将专业术语解析成客户可以理解、通俗易懂的服务语言,解答客户的诉求。在编写过程中,充分结合实景案例,将"高大上"的知识点转换成"接地气"的场景话术,开放式的沟通引导,使话术集更具有操作性和实用性,不仅贴近客户心理,更能有效提升服务效果。

　　本套丛书能有效指导湖南公司各市(州)公司如何使

用知识库及运用知识库支撑营销、运检、基建等各项电力业务，以更强的实用性全力支撑解决客户诉求。可广泛应用于湖南公司营销、生产各级服务人员，亦可作为培训教材进行学习、实践，同时，对系统内其他网省公司一线基层员工解决工作疑难问题也不失为有益的参考用书。

编　者

2018 年 3 月

95598知识库是一个集营销、运检、规划、基建等各类电力业务的知识宝藏库，由国家电网95598知识库管理系统及SG186知识库模块两部分组成。宝藏中蕴藏着电价电费、故障报修、营业业务、电能计量、供用电技术、综合信息、电子渠道七大类知识的法律法规、政策文件、业务标准和技术规范。

寻宝者可以是湖南公司各层级管理人员、一线服务人员、培训人员、95598远程客服代表等电力员工。通过探寻知识宝藏来解决客户诉求、掌握服务信息、开展现场服务和支撑信息库存。

95598知识宝藏库由7个一级藏宝目录、340个二级藏宝主题构成。让一张藏宝图带您开启一场神秘的知识探索之旅吧！

二级宝藏主题

1. 居民客户电费缴纳方式常见问题应答
2. 电价电费基础知识（湖南）
3. 2016年湖南省销售电价表（湖南）
4. 2017年湖南省电网销售电价表（湖南）
5. 居民阶梯电价算法说明（湖南）
……（共计125条，详查见系统）

一级宝藏目录
电价电费

一级宝藏目录
电子渠道

一级宝藏目录
综合信息

二级宝藏主题

1. "掌上电力"APP(官方版)使用常见问题应答（湖南）
2. 申请掌上电力解绑客户编号的处理方式（湖南）
3. 湖南省电力95598客户服务网站使用（湖南）
4. "电e宝"APP、网站使用常见问题应答（湖南）
5. "掌上电力"APP（企业版）使用常见问题应答（湖南）
（共计5条，详查见系统）

二级宝藏主题

1. 全省各地市营业网点信息（湖南）
2. 全省各地市区县一览表（湖南）
3. 微信公众服务平台常见问题应答（湖南）
4. 重置密码与修改密码相关问题（湖南）
5. 支付宝网站电费缴纳业务常见问题应答（湖南）
……（共计25条，详查见系统）

① 一张宝藏图带您走进 95598 知识库

二级宝藏主题

1. 计划停电发布渠道（湖南）
2. 各类故障报修处理步骤（湖南）
3. 电能表相关事项问题应答（湖南）
4. 停电、电压异常、频繁跳闸常见问题应答（湖南）
5. 资产分界常见问题应答（湖南）
……（共计49条，详查见系统）

二级宝藏主题

1. 营业厅网点地址、营业时间及受理明细（湖南）
2. 新装用电、增容常见问题应答（湖南）
3. 居民新装、增容（湖南）
4. 变更用电常见问题应答（湖南）
5. 低压新装、增容业扩工程收费标准（湖南）
……（共计87条，详查见系统）

一级宝藏目录 故障报修

一级宝藏目录 营业业务

一级宝藏目录 电能计量

二级宝藏主题

1. 智能电能表常见问题应答（湖南）
2. 电能表基础知识（湖南）
3. 计量基础知识（湖南）
4. 电能表安装收费标准（湖南）
5. 电能表新装、轮换常见问题应答（湖南）
……（共计22条，详查见系统）

一级宝藏目录 供用电技术

二级宝藏主题

1. 电力设施安全常见问题应答（湖南）
2. 家电损坏、砍树等赔偿常见问题应答（湖南）
3. 客户用电保障常见问题应答（湖南）
4. 电力负荷管理（负控）常见问题应答（湖南）
5. 智能电网常见问题应答（湖南）
……（共计27条，详查见系统）

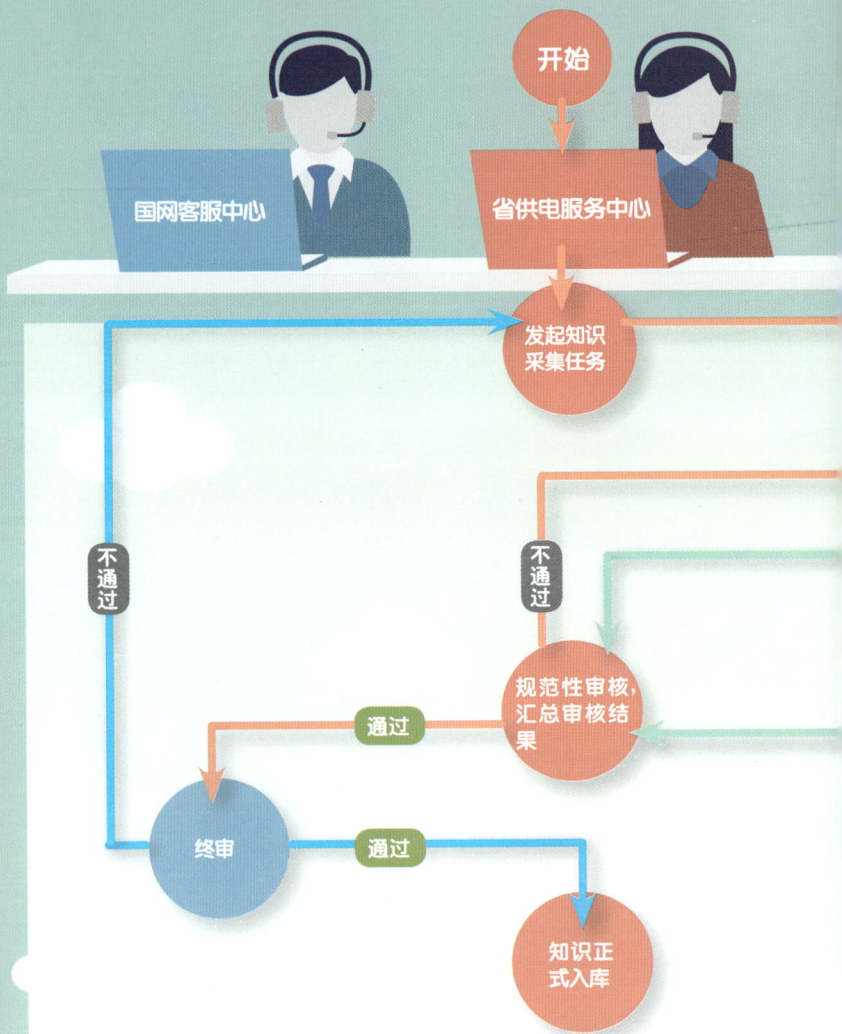

省级专业需求知识宝藏入库流程

开始

国网客服中心

省供电服务中心

发起知识采集任务

不通过

不通过

规范性审核，汇总审核结果

通过

终审

通过

知识正式入库

省公司专业部门
或
知识库专业联络人

市（州）公司

确定知识
采集方式

省公司
统一采集

市（州）
差异采集

按专业要求
完成知识采
集、编辑

知识准确性
审核

让我们跟随寻宝小助手
来学习，知识宝藏怎样
才能规范入库吧！

市（州）需求知识宝藏入库流程

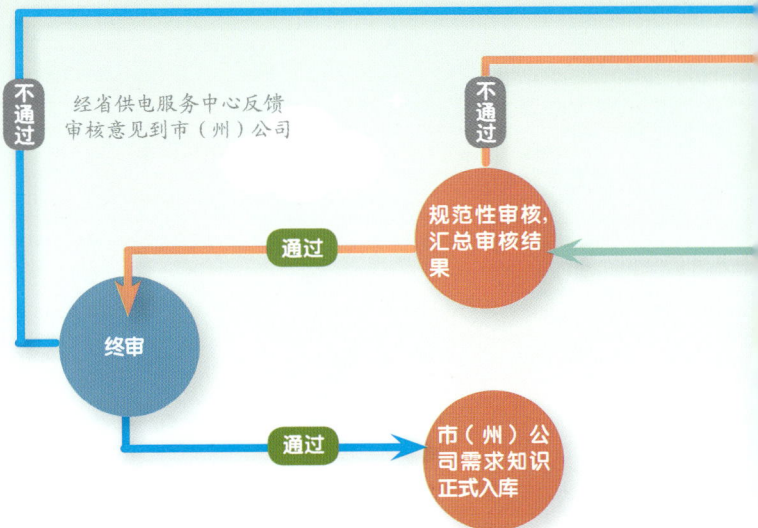

国网客服中心

省供电服务中心

不通过

经省供电服务中心反馈审核意见到市（州）公司

不通过

规范性审核、汇总审核结果

通过

终审

通过

市（州）公司需求知识正式入库

跟我学，
如何将知识宝藏收入95598知识库

开始

市（州）公司

省公司专业部门
或
知识库专业联络人

提出知识
入库需求

根据模板采
集编辑知识

知识准确性
审核

让我们跟随寻宝小助手
来学习，知识宝藏怎样
才能规范入库吧！

SG186 系统知识宝藏大门打开啦！请大家仔细记住寻宝路径，让不一样的宝藏为您答疑解惑吧！

登陆界面（图片来自"SG186 知识库模块"）

跟我走，
③ 如何在95598知识库中寻找知识宝藏

知识宝藏一级目录界面完美呈现！接下来，可通过两条寻宝路径寻找知识宝藏（图片来自"SG186知识库模块"）：

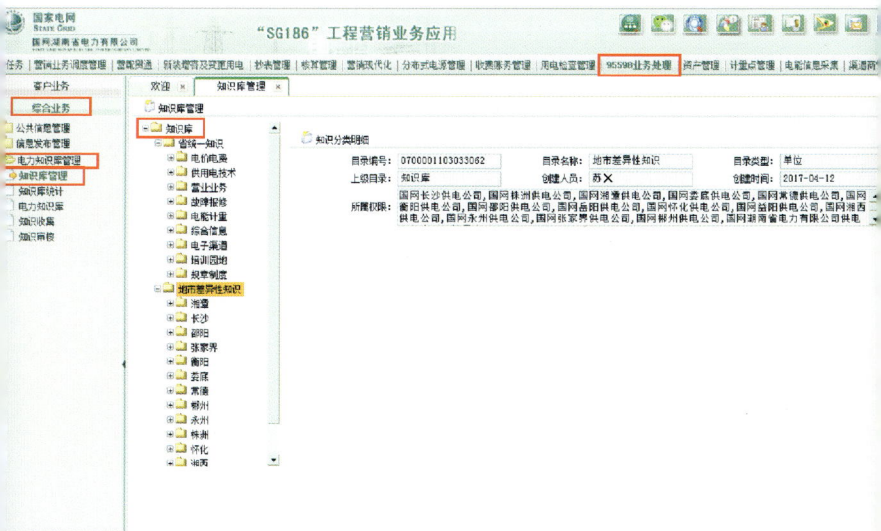

24小时供电服务热线
95598

寻宝路径一：明确搜索

适合清楚知识宝藏躲藏在哪一级目录的寻宝者搜索。

例如： 查询"智能交费的装/换表改造及结算方式变更"。

步骤 1 点击一级藏宝目录—省统一知识—"电价电费"（图片来自"SG186知识库模块"）

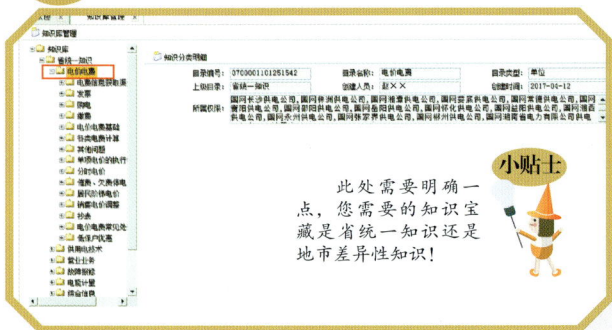

此处需要明确一点，您需要的知识宝藏是省统一知识还是地市差异性知识！

小贴士

步骤 2 点击二级藏宝目录—"其他问题"（图片来自"SG186知识库模块"）

步骤 3 点击三级宝藏主题——"智能交费场景知识(湖南)"(图片来自"SG186知识库模块")

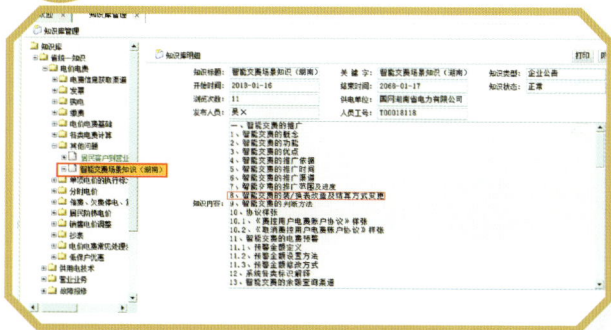

步骤 4 完成以上三步即轻松寻得知识宝藏(图片来自"SG186知识库模块")

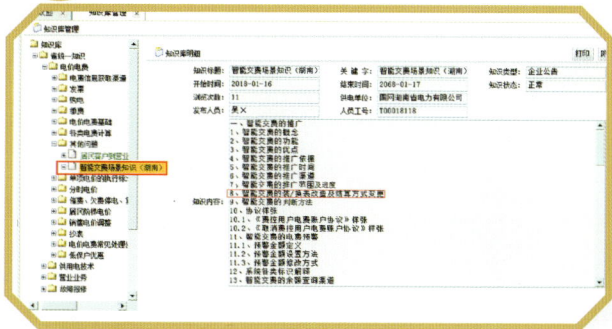

路径二：模糊搜索

即不知道知识宝藏归属什么专业，不清楚知识宝藏躲藏在几级目录下。

注意！SG186系统由于权限问题，只能进行明确搜索，模糊搜索必须在国家电网95598知识库管理系统中进行，想要模糊搜索的寻宝者请联系市公司知识库专员帮助查询哟～下面的例子就是在"95598知识库管理系统"中进行模糊搜索时的操作步骤。

小贴士

例如： 模糊查询关键字为"异常停电"的相关问题

步骤1 在"问题检索"栏输入"异常停电"，点击"查询"，系统搜索后，出现知识库中所有包含"异常停电"关键字的知识139条。

以上图片均来自"95598知识库管理系统"

步骤 2　在 139 条知识中寻找"停电、电压异常、频繁跳闸常见问题应答（湖南）"知识主题，点击进入，即可获得"异常停电"相关的三级知识元。

一、停电、电压异常、频繁跳闸知识背景
二、停电
1. 造成停电的主要原因有哪些？
2. 一户停电的主要原因有哪些？
3. 大范围停电的主要原因有哪些？
三、电压异常
1. 电压异常有哪些具体表现？
2. 在电力系统正常状况下，供电企业调整居民客户受电端的供电电压比许偏差是怎样规定的？
3. 电压波动的主要表现有哪些？ 对客户有什么影响？
4. 电压不稳的主要原因有哪些？
5. 电压偏高的主要原因有哪些？
6. 为什么农网客户常常感觉到电压偏低？
7. 夏季或春节用电高峰期，出现电压偏低的情况，出现波动，是服务专线如何应复？
8. 我们家装反走法器经常坏，什么土豆会给我电压低，电器不能使用的情况？
9. 客户家装自己测量家中的电压为200V，认为电压偏低，如何解释？
10. 客户反映家中电压过低，导致家中电器的烧坏？
11. 客户反映电视冒夏季、冬季、空调启动不了，家用电器不能正常使用，出哪些原因引起？
四、频繁跳闸
1. 频繁跳闸有哪些具体表现？
2. 频繁跳闸的主要原因有哪些？
3. 为什么农网客户线路容易跳闸？
4. 为什么剩余电流动作保护装置（家医）有时候不起作用？
5. 为什么农网客户经常出现跳闸现象？
五、停电、电压异常、频繁跳闸的处理流程
1. 低压一户停电如何处理？
2. 高压一户停电如何处理？
3. 一片停电如何处理？
4. 一户电压异常、频繁跳闸，如何处理？
5. 一片电压异常、频繁跳闸，如何处理？
六、客户常见问题
1. 客户刚报为何故障停电未能登录报过，如何处理？
2. 供电修抢人员已在现场抢修发现障，但客户反映未见到抢修人员，对"正在抢修"表示质疑。
3. 客户多次变更故停电时未停来，并且没异常引起客户异能平且每台具体故障做处理，如何处理？
4. 遇暴风天气原因（台风、强暴雨）导致电网的突发故障，抢修部门鸣喊无法当时对故障进行处理，客户对此表示强烈不满。
5. 农网客户新安装多志年季农网长期频繁跳闸或电压不稳的问题没有解决，如何处理？
6. 客户多次向供电公司反映电压低，供电公司曾经多次处理，但几天又出现问题，客户致为不满，认为问题反复。

看红框哦，想要的宝藏一应俱全

例如:

发生灾情期间,抢修任务大、客户咨询情况多,该如何回复客户并安抚情绪?

答 **"答"供学员考试学习。**

(1)因发生洪灾,许多供电设施受到损坏,然而供电网络是环环相扣的庞大系统,故障排查需要一定的时间。

(2)在确定故障前,工作人员无法答复客户具体的复电时间。

话术 **"话术"供服务一线人员直接与客户沟通解释。**

话术:先生/女士,您好!请问您反映工作人员的服务态度差,是否因为您所咨询的停电情况未得到明确答复?/请问您所在地近几天天气如何?

话术:先生/女士,您好!洪灾期间,大量供电设施受损,工作人员工作量剧增。在确定故障前,工作人员无法答复您

操作 **"操作"供客服专员在系统中查询。**

操作:客服专员详细记录客户的客户编号、详细地址、联系方式等信息,派发非抢修工单。

 恭喜各位寻宝者成功找到自己想要的宝藏，拿到知识宝藏后如何读懂其含义呢？

④ 跟我瞧， 带您看懂知识宝藏

（3）洪灾期间工作人员工作量激增，人员有限，为尽快恢复供电，供电公司工作人员夜以继日的开展故障排查、抢修，没有足够的时间向客户详细解释停电原因和具体复电时间。

确切的复电时间。为尽快恢复供电，供电公司工作人员夜以继日的开展故障排查、抢修，没有足够的时间向客户详细解释停电原因和具体复电时间，望您体谅、理解。

（若客户情绪较激动，对客服专员的答复不满意，请客服专员详细的记录客户信息，派发抢修工单，交由地市公司处理。）

话术：先生/女士，您好！我们将立即联系相关工作人员，请您保持电话畅通。请您耐心等待，感谢您的理解和支持。

1. 知识库应用于诉求辨析的成功案例

案例： 客户反映该地点近半个月内每天都停电，影响正常生活。

核查情况：

受理录音中，客户提供的地址为"湖南省永州市蓝山县所城镇大麻乡半山村"。查SG186知识库模块，可知该地址为非国家电网供电范围，应在诉求前端做出辨析研判。

客户所在地址截图（图片来自"95598业务支持系统"）

查询SG186知识库模块地址截图

2. 知识库应用于申诉成功案例

案例 1　客户反映该地点近一周内多次停电，严重影响居民的正常生活生产。

核查情况

客户地址为"湖南省衡阳市常宁市三角塘镇盐湖村委会九组"，属衡阳市裕民煤矿供电，为自供区。根据知识库截图可清楚看出客户并非国家电网供电区域。

客户所在地址截图（图片来自"95598 业务支持系统"）

查询 SG186 知识库模块地址截图

非国家电网供电客户（自供区）

序号	区/县	行政区街道（乡、镇、办事处）	具体所在地区名称（社区或行政村）或供电区域	供电单位（供电营业区）	备注【X为地方电力、个人水电、转供、临时电专正式电哪】
1		盐沙镇	盐沙村（九、十、十一、十二组）、盐碱新型委员会	塔民煤矿	塔民煤矿为转供
2	案宁市	柏坊镇	木新村、柏坊村	柏坊煤矿	柏坊煤矿为转供
3		柏坊镇	袁塘村、斗岭村、东百村	柏坊煤矿	柏坊煤矿为转供
4		水口山镇	松柏的寨乡、松柏村、松阳村、新同村、青华村、开源村、社冠村、社团村、四脚村、西岭村	水口山矿务局机电科	水口山矿务局机电局为转供
5		白沙镇	大坡村、坛家村、石涧村、南马村、上所村、新街村、社冠村、坛家村、四脚村、西岭村	白沙矿农电站	白沙镇农电站为转供
6	来阳市	水东江办事处	水东江居委会、新河居委会、草尾居委会	来阳市遥田电力有限公司	来阳市遥田电力有限公司为小水电
7		五里牌办事处	五里牌居委会、金宝园居委会、金星居委会（刻坑清村）、蓝天市场管理区	来阳市遥田电力有限公司	来阳市遥田电力有限公司为小水电
8		黄南开发区	白洋村、黄南村	来阳市遥田电力有限公司	来阳市遥田电力有限公司为小水电
9		黎子水办事处	金阳居委会、金宝园居委会、蓝洲居委会、梅桥居委会、西湖居委会（金杯村）	来阳市遥田电力有限公司	来阳市遥田电力有限公司为小水电
10		牡市乡	联平居委会、牡市居委会	来阳市遥田电力有限公司	来阳市遥田电力有限公司为小水电
11		大市乡	土桥村、油篓村、溜村村、羊木村	来阳市遥田电力有限公司	来阳市遥田电力有限公司为小水电
12		新市乡	水东村、水西村	来阳市遥田电力有限公司	来阳市遥田电力有限公司为小水电
13		遥田镇	桥将村、遥群村、麻塘村	来阳市遥田电力有限公司	来阳市遥田电力有限公司为小水电
14		较丝塘镇	丹头村、力山村、平山村、模里村、红楼村、江水村、白壁村、花余村、晨光村、堡江村、南江冲村、桥村、赵和村、上桥岭村、转运村、绿桥村、大门村、天光村、高冲村、白水村、翠海村、田村、坛头村、三坡村、水洞村、林头村、大冲村、禾茶村、绿蛇村、禾新村	衡南昌水利电力有限责任公司	衡南昌水利电力有限责任公司为地方电力
15		花桥镇	花冶塘村、接官亭村、新托村、庙堤村、连塘村、四一村、海塘地村、杉江村、海塘村、九塘楼村、连塘村、花溪村、龙清村、六浦村、祥道村、枝堤村、发党村、管江村、托冲村	衡南昌水利电力有限责任公司	衡南昌水利电力有限责任公司为地方电力

我是案例的分割线哦！！

案例 2   客户反映供电公司在未通知客户情况下给其变更为费控缴费方式。

核查情况

在 SG186 系统中，客户的费控策略为"保电套餐（三）"。查询 SG186 系统知识库模块，可清楚看到"保电套餐（三）"用于"后付费转为远程费控的过渡用户，未使用实时费控管理"。从此可推断不存在客户反映的"未通知客户情况下给其变更为费控缴费方式"的情况，可为后期申诉做支撑。

客户所属保电套餐截图（图片来自"SG186 系统"）

查询 SG186 知识库模块地址截图

费控客户基准策略编号说明（长沙）

基准策略编号	策略名称	类型说明	预警阈值	停电阈值	用户分类
2014000000000001	通用策略一级	此类客户发送超信成功后电话通知再停电	50 元	0 元	低压居民、低压非居民
2014000000000002	通用策略二级	此类客户发送超信成功后电话通知再停电	50 元	0 元	低压居民、低压非居民
2014000000000003	通用策略三级	此类客户发送超信成功后电话通知再停电	50 元	0 元	低压居民、低压非居民
2014000000000004	通用策略四级	此类用户欠费直接停电，无需通知（一般为户主对租户的主动要求）	50 元	0 元	低压居民、低压非居民
2014000000000005	通用策略五级	此类客户发送超信成功后	50 元	0 元	低压居民、低压非居民
434010000009	保电用户套餐（一）	银行代扣用户，不实施费控停电	-99999 元	-99999 元	低压居民、低压非居民
4340152000010	保电用户套餐（二）	财政集中支付、手工托收、小额支付用户，不实施费控停电	-999999999 元	-999999999 元	低压居民、低压非居民
160820000100003	保电套餐（三）	后付费转为远程费控的过渡用户（未使用时实时费控管理）	-999999 元	-999999 元	低压居民、低压非居民
160820000100001	保电套餐（四）	低压重要用户	-99999 元	-99999 元	低压居民、低压非居民
161220001300007	保电套餐（五）专变	高压专变物业小区重要用户（政府机关家属院等）	-999999999 元	-999999999 元	高压居民（专变物业小区）

·············· 我是案例的分割线哦！！ ··············

3. 市（州）公司主动采集知识入库成功案例

市（州）公司根据客户诉求，主动发起采编知识需求。

案例 1

国网湖南省电力有限公司岳阳供电分公司针对城区部分新建住宅小区临时转正式的批量新装用户，采取暂时先停电，待客户到营业厅办理"更名"业务、签订合同、收集电话、预存电费后，正式送电。为有效减少客户诉求，国网湖南省电力有限公司岳阳供电分公司主动申请将其知识采编入库，给客服专员提供足够的信息支撑，从源头解决诉求。

相关截图（图片来自"SG186 知识库模块"）

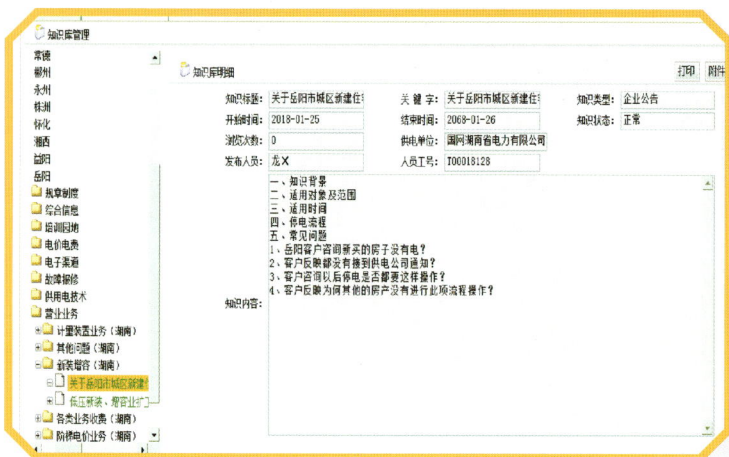

我是案例的分割线哦！！

案例 2

2017 年国网湖南省电力有限公司将抄表例日逐步调整至每月 1 日。调整后涉及人员广、影响阶梯电价比值、易引发客户不满投诉。国网湖南省电力有限公司益阳供电分公司结合实际情况，主动征集、上报知识内容，支撑客户服务前端诉求判定。

相关截图（图片来自"SG186 知识库模块"）

关于公交集抄客户抄表例日调整相关问题应答（益阳）

一、抄表例日调整的背景（益阳）

为落实国家电网公司营业工作要求，加强公交集抄客户统一管理，自 2017 年 3 月 1 日起国网益阳供电公司对益阳市中心城区及各县（市）区城区公交集抄客户抄表例日全部调整至每月1日。

二、调整对象（益阳）

1、益阳市中心城区及各县（市）区城区抄表例日非每月1日的公交集抄客户，共计 2573 个台区，36.51 万户。

2、益阳赫山公司涉及调整抄表段 1753 个，影响客户 11.57 万户。

3、益阳桃江公司涉及调整抄表段 1805 个，影响客户 12.06 万户。

4、益阳沅江公司涉及调整抄表段 1725 个，影响客户 11.08 万户。

5、益阳大通湖公司涉及调整抄表段 365 个，影响客户 3.39 万户。

三、常见问题

1、客户咨询调整抄表例日的时间？（益阳）

答：1、国网益阳供电公司 2017 年 3 月 1 日起对益阳市中心城区及各县（市）区城区公交集抄客户抄表例日全部调整至每月1日。

2、国网益阳市赫山区供电公司 2017 年 5 月 1 日起对益阳市赫山区欧江岔乡镇、泉交河乡镇、岳家桥乡镇、谢林港乡镇、新市渡乡镇、衡龙桥乡镇 6 个供电所公交集抄客户抄表例日全部调整至每月1日。

3、国网桃江县供电公司 2017 年 6 月 1 日起对益阳市桃江县桃花江、浮邱山、灰山港 3 个供电所公交集抄客户抄表例日全部调整至每月1日。

4、国网沅江市供电公司 2017 年 8 月 1 日起对益阳市沅江市三眼塘、赤山……

内 容 提 要

95598知识库系列丛书包含《95598知识库应用指导手册》《95598知识库经典话术集——通用分册》《95598知识库经典话术集——费控分册》《95598知识库经典话术集——现场服务分册》和《95598知识库经典话术集——运检分册》5个分册，本套丛书是基于国家电网95598知识库管理系统下，国网湖南电力将整体知识库知识导入SG186系统，结合95598知识库管理系统和SG186系统与实际案例特色编写的培训、应用教材。

《95598知识库应用指导手册》以动漫的形式展现知识内容，运用实际案例诠释知识库在前端诉求辨析、后期申述支撑和市（州）公司根据客户诉求主动征集知识三个方面的支撑作用。《95598知识库经典话术集》4个分册充分结合实景案例，将"高大上"的知识点转换成"接地气"的场景话术，开放式地引导沟通，使话术集更具有操作性和实用性。

本套丛书可广泛应用于湖南公司营销、生产各级服务人员，亦可作为培训教材进行学习、实践，同时，对系统内其他网省公司一线基层员工解决工作疑难问题也不失为有益的参考用书。

图书在版编目（CIP）数据

95598知识库应用指导手册 / 何海零主编 . —北京：中国电力出版社，2018.4

ISBN 978-7-5198-1907-1

Ⅰ.①9… Ⅱ.①何… Ⅲ.①电力工业－销售服务－中国－手册 Ⅳ.① F426.61-62

中国版本图书馆 CIP 数据核字（2018）第 064299 号

出版发行：中国电力出版社

地　　址：北京市东城区北京站西街 19 号（邮政编码 100005）

网　　址：http://www.cepp.sgcc.com.cn

责任编辑：邓慧都（010-63412636）

责任校对：郝军燕

装帧设计：张俊霞

责任印制：邹树群

印　　刷：北京瑞禾彩色印刷有限公司

版　　次：2018 年 4 月第一版

印　　次：2018 年 4 月北京第一次印刷

开　　本：880 毫米 ×1230 毫米　32 开本

印　　张：0.875

字　　数：19 千字

印　　数：0001—8000 册

定　　价：12.00 元
